J. J. Chr. Bode

Gedanken über die Verfolgung der Illuminaten in Bayern

J. J. Chr. Bode

Gedanken über die Verfolgung der Illuminaten in Bayern

ISBN/EAN: 9783742890689

Hergestellt in Europa, USA, Kanada, Australien, Japan

Cover: Foto ©ninafisch / pixelio.de

Weitere Bücher finden Sie auf **www.hansebooks.com**

Gedanken

über die

Verfolgung

der

Illuminaten

in

Bayern.

———

1786.

Vorrede des Herausgebers.

Jeder Vernünftige verdenkt es den Freimaurern und Illuminaten, daß sie sich über das in Bayern ihnen begegnete Schicksal, nicht ein einzigmal an das Publikum gewendet, und wenigstens nicht vorläufig ihre Sache vertheidiget haben; um nur einigermassen den gar zu schiefen, elenden und hämischen Urtheilen zu begegnen, die über sie gefällt werden könnten, und wirklich gefällt worden sind.

Es ist zwar wahr daß die Art, wie man mit ihnen verfahren hat, sehr zu ihrer Vertheidigung, und für ihre Unschuld spricht. Allein nicht jedem ist das gegen sie gebrauchte Verfahren in seinem ganzen Umfang bekannt, nicht jeder kann dieß beurtheilen, nicht jeder urtheilt billig, nicht jeder hält sein Urtheil so lange zurück, bis er hinlängliche Data zu demselben hat.

Der große Haufen urtheilt leider! höchst schief. Die Verläumdungen sind ihm angenehmer als Wahrheit, weil er sich mehr dabei kitzeln kann, und mancher findet seinen Nachbar lieber schlimmer und böser, als sich selbst.

Jeder Wohldenkende, und es mit jedem Menschen Gutmeinende, wird hier aus einer traurigen Erfahrung sprechen können.

Unterdessen glaube man nicht, daß sowol Freimaurer als auch vernünftige Männer, die nicht Freimaurer sind, eben so wenig in der Bayerischen Verfolgungssache unterrichtet seyen, als der grosse, blinde, sehr schwer zu belehrende Haufe des lesenden Pöbels, der nie, oder selten eine Prüfung anzustellen fähig ist. Es ist viel leichter jemand ohne Gründe und mühsame Untersuchung zu verdammen, als die Gründe, die eine Sache für und gegen sich hat, fleißig aufzusuchen, sie gegen einander abzuwägen, und darauf ein gegründetes Urtheil zu fällen.

Diß letztere ist im folgenden Aufsatz, der schon eine Zeitlang unter Freimaurern und auch vernünftigen aufgeklärten Nichtfreimaurern herumgehet, geschehen; und nach meinem Urtheil verdienet er sehr auch dem gesammten, neugierigen, vernünftigen, unpartheiischen, wahrheitsliebenden Publikum bekannt zu werden.

Ich schmeichle mir, demselben damit in allem Betracht, ein merkwürdiges, nützliches und höchst angenehmes Geschenk zu machen, wofür man mir allen Dank sagen wird.

Einige neuere Thatsachen, habe ich mir die Freiheit genommen, an ihrem Ort einzuschalten, und diß werden mir hoffentlich die Verfasser dieses vortreflichen Aufsatzes verzeihen, weil ihr Aufsatz dadurch nicht verlohren hat.

Ausser diesem hat er aber nicht die geringste Aenderung erlitten, und da er für edeldenkende, wahrheitsliebende, in allem Betracht verehrungswürdige Männer geschrieben war, viele dergleichen Männer noch im Publikum sind, die nichts von demselben wissen, und ihn doch gewiß mit der größten Theilnehmung lesen werden, so ist dieses gegen jeden, der mich darüber, daß ich ihn habe drucken lassen, zur Rede stellen mögte, meine Rechtfertigung.

der

Herausgeber.

Gedanken

über die

Verfolgung der Illuminaten

in Bayern.

In Ihren Augen sind also die Illuminaten schuldig, und verdienen vollkommen das Schicksal, so sie erfahren? und nun Ihre Gründe, wenn ich bitten darf. Weil sie Freydenker, Atheisten, Epikuräer, Königsmörder, Landesverräther sind. Sie haben meinen vollkommenen Beyfall, sobald Sie mir dieses erweisen. Sie sind doch, so viel ich weis, kein Illuminat. Sie kennen das Innere des Instituts aus eigener Erfahrung nicht. Nun also eine gerechte Frage: Woher wissen sie dieses? aus eigenen Schriften der Illuminaten? ich kenne deren keine einzige; wie heisen sie also? aus den Schriften der Gegner, aus ihren Warnungen? Diese haben zwar viel geschändet, aber wenig oder gar nichts erwiesen, noch weniger hinlänglich beweisende Thatsachen angeführt. Aus gerichtlichen Verhandlungen? — welcher Illuminat ist in Bayern in seinem Urtheil als ein Atheist, als ein Königsmörder, Landesverräther, Giftmischer verdammt worden? Der Freygeisterey und Irreligiosität hat man zwar die meisten beschuldigt, aber nicht überführt. Sie kennen ja ohnehin die Bedeutung dieses Worts in dem Munde der Intoleranten unter der Geistlichkeit: und aus denen der Welt mitgetheilten Weishauptischen Acten können Sie ersehen, was Freygeisterey in Bayern heißt und bedeutet. — Alle gerichtliche Verhandlungen in Bayern, soviel deren bekannt sind, zeugen vielmehr gegen die Regierung, zum Besten der Illuminaten. Diese haben sogar ihre Verdammungsurtheile, als ihre beste Empfehlungsschreiben mit sich fort in die Welt genommen; und die Regierung würde gewiß zu ihrer eigenen Rechtfertigung nicht unterlassen haben, größere Verbrechen namhaft zu machen, wenn sich die Anklagen bestätigt hätten. — Also vermuthlich von Augen zeugen? — wie heisen solche? wie haben sie ihre Aussagen erhärtet? in welchem Verhältniß stehen diese Zeugen mit den Gliedern der Gesellschaft, oder mit der ganzen Gesellschaft selbst? — — Ich fürchte sehr, mein theurer Freund! Sie haben sich in Ihrem Urtheile gewaltig übereilt. Es sind der entscheidenden Gründe dafür sowol als dagegen so wenige bekannt, daß jeder unbefangene Denker sein Urtheil billig verschieben muß. Ich selbst fühle diesen Mangel, indem ich die Prüfung derselben übernehmen will. Ich kann blos die dermahlen vorhandene Quellen untersuchen, und aus solchen sehr unvollkommen für ihren Werth oder Unwerth entscheiden. Ich frage also: Was haben die Illuminaten gegen sich? was für sich? und da finde ich als ein unpartheyischer Forscher, daß ihnen folgende vier Stücke am stärksten, aber auch ganz allein entgegen sind:

1) Die allgemeine Vermuthung für jede Regierung, daß sie nicht ohne wich-

tige Gründe zu solchen auffallenden Schritten und Maasregeln verleitet werde. Ein Grund, der viele sonst kalte Denker auch im Auslande gegen sie eingenommen hat.

2) Das allgemeine Geschrei, die übereinstimmende Klagen des ganzen Publikums.

3) Die erste Warnung nebst der Schrift: auch eine Beylage.

4) Die von vier vormaligen Mitgliedern namentlich unterzeichnete nöthige Beylage.

Diese allein sind die Entscheidungsquellen: ausser solchen kenne ich keine: von dem Werth oder Unwerth derselben wird es abhängen, ob die Illuminaten schuldig oder unschuldig sind? - Ich muß aber freymüthig bekennen, alle diese Stücke, samt und sonders, scheinen mir nichts zu enthalten, was ein den Illuminaten widriges Urtheil verursachen könnte.

1) Ich gestehe sehr gerne ein, daß jede Regierung diese Vermuthung für sich habe, es ist dieses zur Aufrechthaltung ihres Ansehens höchst nöthig. Aber es kann auch Fälle geben, wo gegenseitige notorische Facta können angeführt werden, wo sodann die Vermuthung der Wahrheit weichen muß. Bey der Bayerischen Regierung ist dieses wirklich der Fall. Es wäre zu gehässig sich in das Detail einzulassen, und auch zum Theil überflüssig, da alle Journale Deutschlands bis zum Eckel damit angefüllt sind. Und wie wenig ist das, von dem, was geschieht, aber nicht bekannt wird. Wie würden deutsche Leser erstaunen, wenn sie von der himmelschreyenden Justizverwaltung in der sonst sehr bekannten Prozeßsache des Rabiels, authentische Nachricht erhielten; Wer so handeln, solche willkührliche empörende Ausnahmen von den Gesetzen machen kann, hat billig allen

Glauben, alle rechtliche Vermuthung für sich verlohren. Daher sind aber auch die Bemühungen des Münchner Hofs, die öffentliche Stimme zu unterdrücken, nur gar zu bekannt. Es ist beynahe kein teutscher Reichsstand, der nicht zu Bestärkung dieses Satzes schriftliche Beyträge liefern könnte, und die von dem Hn. geheimen Rath und Universitätskurator von Vachiery verfaßte Gedanken, wie man sich im Reich gegen Herrn Hofrath Schlötzer zu benehmen habe, sind ein redender Beweiß, daß auch Männer, die sonst in guter litterarischer Achtung stehen, mehr an der Verfinsterung als Aufklärung ihres Vaterlandes arbeiten. Welchen Gräuel werden Sie noch zu lesen erhalten, wenn die in allen Kreisen Deutschlands sich aufhaltende Bayerische Exulanten ihre Freyheit benutzen, und die Heldenthaten ihres Vaterlandes besingen sollten? wie mancher im Auslande gepriesener Mann würde sodann in seiner Blöse als ein bitterer Verfolger der Aufklärung erscheinen, der mit den Söhnen der Finsterniß ein Bündniß geschlossen, um gemeinschaftliche Feinde zu vertreiben. Bayern hat es seit einigen Jahren so weit gebracht, daß es ohne weiters mit zu den größten Rechtfertigungsgründen der Illuminaten gehört, daß sie in und von Bayern verfolgt werden.

Ein eben so unzuverläßiger Beweiß gegen die Illuminaten ist

2) Das entstandene allgemeine Geschrei. Ich weis, wie wenig solches zu bedeuten hat; wie leicht es kann erweckt werden, denn ich war selbst Zuschauer von dem ganzen Hergang der Sache. Denken Sie sich einmal einen jungen unbesonnenen, aber dabey äuserst ehrgeizigen Menschen, der gern eine Rolle spielen, einen großen Wirkungskreis erhalten mögte, und aus diesem Grunde in den Orden der Illuminaten tritt. Stellen Sie sich weiters vor, daß dieser junge Mensch, wegen den Verdiensten eines seiner Anverwandten sich der Gnade einer hohen

Prinzeſſin zu erfreuen hat. Wenn ein ſolcher Menſch ſeine Entwürfe ſcheitern, ſeinen Ehrgeiz im Orden nicht befriedigt, ſich nicht ſogleich oben an der Spitze ſieht; ſo können Sie ſich auch vorſtellen, daß er den Orden verlaſſen, und mit Unwillen verlaſſen werde. Er wird auch die mit ſich ziehen, die von ihm eben durch die Gunſt dieſer Fürſtin näher abhangen. Wenn nun ein ſolcher Menſch eine eigene Geſellſchaft errichten will, und zu dieſem Ende aller Orten hin und her ſchreibt, um Anhang zu erhalten, und der neue Plan doch nicht gelingen will, dabey alle bisher gebrauchte Ränke fehlſchlagen, das alte Syſtem zu ſprengen, ſo müſſen von ihm ernſthaftere Wege eingeſchlagen werden. Dazu gehört Anſehen, um ſein unbedeutendes Nichts geltend zu machen. Wenn dieſe hohe Perſon vorher von ihm ſelbſt, zum Beſten der Geſellſchaft eingenommen war, ſo muß er nun Gründe anführen, warum er ſolche ſo jähling verlaſſen. Da hat er ſodann Anſchläge gegen ſein Vaterland, heimlichen Zusammenhang mit einem benachbarten großen Hofe in der Gesellschaft entdeckt, weil die Dame eine große und eifrige Vertheidigerin von der Freyheit ihres Vaterlandes ist. Die Illuminaten sind nun auf einmal eine Oesterreichische Hofkabale, denn die Loge Theodor hatte sich erst vor kurzem von ihrer Mutter Loge Royal York in Berlin getrennt, und ein Illuminat war das Werkzeug eine gewisse Gnade an dem Kaiserlichen Hofe zu bewirken, wovon die Unterhandlung fehlgeschlagen. *) Der Vortrag findet

---

*) Selbst die in Bayern über die Illuminaten ausgebrochene Verfolgung widerlegt diese Beschuldigung. Mächtige Höfe Deutschlands behaupten, der Plan des Ländertausches sey den Wünschen des Churfürsten von Bayern gemäß, und doch verfolgt derselbe die Illuminaten, anstatt, daß, wenn die Beschuldigung wahr seyn sollte, er sie beschätzen und erheben, ja selbst wünschen müßte, daß die gesammte Landschaft und Unterthanen Illuminaten wären.

Eingang. Die Höfe von B. und Z. erhielten sogleich davon Nachricht. Mit diesem glücklichen Erfolg war unser planvoller Geist nicht zufrieden. Die Illuminaten sollten auch bey Hof und Pöbel gehässig werden. Zum Glück schrie damals der berüchtigte Buchhändler Strobl, ein ehemaliger aber verworfener Kandidat der Loge, jeden Vorbeygehenden auf der Straße an, und warnte ihn vor der einbrechenden Seuche. Mit diesem verband sich unser Mann. Strobl befahl sogleich einem seiner Schreiber ein Gemählde aus dem menschlichen Leben zu schreiben, in welchem der Orden von Seiten der Moral und Religion angegriffen wurde, und als dieses die gehoffte Wirkung nicht hervorbrachte, so mußte er eine erste Warnung schreiben: dadurch erhielt er die Stelle als geheimer Sekretair bey obgedachter Prinzessinn. Diese Schrift wurde

Also verfolgt man entweder seine eifrigste Anhänger, oder die Beschuldigung ist eine offenbare Unwahrheit.

besonders durch Jesuiten heimlicher Weise an alle Feinde des Ordens gesandt, und dem Pöbel in die Hände gespielt. Die Prediger selbst beriefen sich darauf, als auf ein klassisches Werk. Die benachbarten Bischöffe erhielten anonymische Briefe, nebst einem Exemplar, und dem Verzeichniß der Mitglieder in ihren Diözesen. Der Landesherr selbst erhielt ein solches Produkt durch die Hände des Guardians der Kapuziner. Und als auch dieser Ausfall bey Hof die verhofte Wirkung nicht hervorbrachte, so schrieb ein Rosenkreuzer mit aller Gehässigkeit und Erbitterung, deren nur ein Rosenkreuzer fähig ist, auch eine Beylage, zeichnete darinn der Regierung den Plan vor, nach welchem sie gegen Illuminaten zu verfahren habe, dieser wurde auch pünktlich befolgt, und nach der Vorschrift genau in Ausübung gebracht. — Nun stellen Sie sich vor, daß dieses Land von jeher der Sitz des Aberglaubens und der Intoleranz gewesen, daß zu eben dieser Zeit der starke Kampf zwischen Licht und Finsterniß in diesen Gegenden herrschte, daß die Intolerante unter der Geistlichkeit in Sorgen stehen, das von Osten einbrechende Licht mögte sich auch nach Bayern verbreiten, daß sich diese folglich ihrer Haut zu wehren haben, daß dieses Land ein berühmter Sitz der Jesuiten, ein Jesuit selbst an der Spitze des Hofs und aller Verfolger stehet, daß diese kurz vorher gefallen, die Schulen verlohren, und folglich ihre alte Macht zu erringen suchen, daß sich in München eine vormals blühende, nun verfallene Loge der strikten Observanz befunden, wovon viele Mitglieder zu den Illuminaten übergetreten, daß sich dort noch mehrere geheime Gesellschaften aufhalten, denen es an glücklicher Rekrutirung mangelte, solange das System der Illuminaten bestanden, daß eben um diese Zeit die Gemüther wegen der Bayerischen Succession in beängstigender Unruhe gewesen, daß natürlicher Weise zwischen Mitgliedern und Profanen manche persönliche widrige Verhältnisse, Familienfeindschaften u. dgl. obwalten, daß die Bayerische Regierung in mehreren Schriften, wegen manchen nicht allzurühmlichen Thaten, durch die Hechel gezogen worden — und nun ergreift man, in Ermangelung der Gründe den schaalsten Vorwand, als eine herrliche Gelegenheit, seine Leidenschaft und Rache zu bemänteln, sich unter allen Gestalten an die so verschiedene Erwartungen, Hoffnungen und Furcht anzuschließen, sie zu benutzen, in Gährung und zum allgemeinen Geschrey zu bringen, die feindliche Partheyen gegen einen gemeinschaftlichen Feind zu vereinigen, der boshaften Kalumnie den Anstrich des Wahren, des Eifers für Religion, Sitten und Vaterland zu geben. Wie begierig muß eine solche Schrift — nicht gelesen, sondern verschlungen, geglaubt, vertheidigt und verbreitet werden! Wenn nun vollends Pfaffen Aufruhr unter das Volk predigen, wenn dazu ein von Rachgier entflammter Minister durch eine strenge Untersuchung den Verfasser der Appellation an das Publicum unter den Illuminaten zu entdecken hofft, den ersten gewaltsamen Schritt thut, und — nichts findet, und doch nicht zurück will, weil er beym zweyten oder dritten sich die Entdeckung sicher verspricht, so muß endlich eine Reihe von Ungerechtigkeiten, von schauervollen Auftritten entstehen, die alle Folgen des ersten übereilten Verfahrens und Leichtglaubens und um so entsetzlicher sind, weil sie von dem Urheber der Bayerischen Gesetze selbst, gegen die von ihm verfaßte Prozeßordnung, herrühren und genehmigt werden.

Was beweißt nun bey solchen Umständen dieses allgemeine Geschrei gegen die Illuminaten? Daß der wenigste Theil der Menschen selbst denkt und prüft, daß die Menschen gern glauben, was sie wünschen oder befürchten, daß sie urtheilen, ehe sie die Gründe erwogen, daß sie sich von Leidenschaften dahin reissen lassen, und am Ende, ohne es zu wissen, das Spielwerk und die

Puppe sind, mit welcher ein ehrsüchtiger Junge das Spiel seiner Leidenschaften treibt.

Hieraus läßt sich nun weiter einsehen, wie wenig

3) die Warnung und die noch gallvollere auch eine Beylage gegen die Illuminaten beweisen. Eine Schrift, deren Urheber sich nicht zu nennen getraut, und um sich nicht nennen zu dürfen, die Gesellschaft so wichtig, zahlreich, rachgierig schildert, eine Schrift voll von der bittersten Galle, den gröbsten Schmähungen, den unerwiesensten, unglaublichsten Beschuldigungen, ohne allen Beleg von Thatsachen, ohne die auch nur entfernteste Anzeigen, kann nicht (wenn anders die Ehre und Ruhe eines Menschen in einem Staate Sicherheit haben soll) einmal zur General= noch vielweniger Spezialinquisition jemand qualifiziren. Nur mit Vorurtheil umnebelte Mitglieder einer Bayerischen Regierung, nur der Ver-

fasser der Bayerischen Landrechte, konnte sich von einer solchen Lästerschrift den Plan gegen Illuminaten zu verfahren vorzeichnen lassen, und solchen so genau befolgen. Solche allgemeine Beschuldigungen, aus einer so verdächtigen anonimischen Quelle, sind nur pöbelhaften oder leidenschaftlichen Seelen glaubbar und erheblich. Wer hat das Land verrathen? An wen? Durch welche Wege? Zu welcher Zeit? Wer hat andere vergiftet? Wen? Welcher Mensch fehlt im Lande? Wer hat Akten veruntreuet? Welche? An wen? Durch welche Wege? 2c. Diese Beschuldigungen individuell vorgetragen, mit glaubbaren Umständen belegt, dies hätte Würkung gethan, dadurch hätten sich die Warner den Dank des Publikums und den Beifall der Vernünftigen zugezogen: aber so, wie es aus ihrer Feder kommt, ist es boshafte, leidenschaftliche Kalumnie. Wenn über Jesuiten und die mit ihnen verbundene geheime Gesellschaften geschrieben oder gewarnt wird, da mag es wohl hingehen, daß der Warner hinter dem Vorhang steht, denn da spricht die Sache statt der Person. Hier können ihre eigene Konstitutionen und Bücher, ihre von ganzen Ländern und Gerichtshöfen bestätigte, mit ihrer Lehre und Büchern genau übereinstimmende Facta angeführt werden. Aber was führen die Warner von den Illuminaten an? welche Schriften haben sie geschrieben, woraus der Ordensgeist erscheinet? was kann man von einer Gesellschaft anführen, die erst kurz nur dem Namen nach bekannt ist? hier, um sie gefährlich vorzustellen, wird etwas mehr erfordert, als ein namenloser Kalumniant, und einige gräuliche aber allgemeine, und eben darum verdächtige Beschuldigungen.

Aber ungleich wichtiger, und zu meinem Zweck vorträglicher als alle vorhergehende, ist

4) die nöthige Beylage. Eine kleine, aber sehr interessante Piece, durch

welche wir einen bessern und genauern Leitfaden erhalten. Hier treten

1) Ein Hofkammerrath und (merken Sie wohl) drei Professoren NB. der Marianischen Akademie namentlich auf.

2) Diese erklären, daß sie ehemalige Mitglieder der Gesellschaft waren, sind also näher von der Sache unterrichtet.

3) Sie sind aus Mißvergnügen ausgetreten, und führen die Ursachen ihres Austritts an.

4) Sie sind beleidigte Mitglieder, denn sie äussern sich, man habe sie im Verdacht, als wären sie die Verfasser der Warnung.

5) Diese beleidigte Mitglieder beschuldigen die Gesellschaft eines Landesverraths, Aktenveruntreuung,

Giftmiſcherei, Atheismus ꝛc. Ihre Beſchuldigungen ſind gemäſigter. Aber es ſtehen auch ihre Namen dabei, und es lag ihnen ſodann ob, den Beweiß zu führen.

Ich kann nicht begreifen, warum das Bayeriſche Miniſterium und die verordneten Commiſſarii, nach ausgebrochener Spezialinquiſition, ſich nicht an dieſe vier Männer gehalten, und ihre Commiſſion mit ihnen eröfnet, um nähere Data zur Spezialinquiſition zu erhalten. Aber ich beſcheide mich, man wollte nicht unterſuchen, man wollte verdammen.

Was beſchuldigen nun dieſe den Orden? wenn haben ſie ihn verlaſſen?

1) Zeitverluſt. Iſt ein großer Verluſt. Man verliert alſo im Orden ſeine Zeit? aber verwenden ſie ſolche nun beſſer? Wer ſeine Zeit gehörig eintheilen kann, kann auch nebenher andere Pflichten und Arbeiten noch gar wohl über-

nehmen. Auch haben sie noch nicht erwiesen, daß im Orden die Zeit wirklich verlohren seye. Es kömmt alles auf die Geschäfte an, die dort getrieben werden. Auch ist Zeitverlust noch kein Verbrechen, um seine Ehre und Stelle zu verlieren. Oder wenn dieses wirkliches Verbrechen wäre, und die Strafe streng sollte vollzogen werden, dann will ich den Haufen der Ehr= und Dienstlosen von allen Ständen nicht zählen.

2) Geldverlust. Ist auch ein empfindlicher Verlust. Aber verwenden sie ihr Geld nun besser? zudem erscheint ja aus der von ihnen selbst beigelegten Note, daß sie ihre Beiträge großen theils noch schuldig sind. Da in dem Illuminatenorden bekannter Maasen kein Grad, oder nach Bedürfnis des Orts äußerst gering bezahlt wird, so betrift das Ganze einen monatlichen Gulden Beitrag zu den Bedürfnissen der Gesellschaft, sodann das übrige ist für die Aufnahme in die Loge der Freymaurerey. Wo ist

die Gesellschaft, die gar nichts von ihren Mitgliedern fordert? wo ist die, worinn so wenig gefodert wird?

3) Beständiges Predigen gegen Patriotismus, weil er am Ende in Egoismus ausarte. Ich will glauben, daß es wirklich so seye, und will es indessen als ausgemacht voraus setzen. Also gegen die Ausschweifungen des Patriotismus predigen die Illuminaten? Ich kann das Unrecht nicht einsehen; oder darf denn Patriotismus ausarten? kann er das nicht eben so gut, wie jede andere Leidenschaft? ist das noch niemalen geschehen? war das nicht der Fall bei den Römern und vielen andern Völkern? was war er mehr, als politischer Egoismus? Egoismus einer moralischen Person? darf ein Volk sich auf Unkosten eines andern vergrößern? darf die Nation alles unternehmen, was Mittel zu ihrer Vergrößerung ist? darf ich ein angränzendes Volk in der Dummheit, Unthätigkeit durch positive Anstalten erhalten, um Vortheil

davon zu ziehen? Machen Sie einmal
die Anwendung auf Ihr eigenes Land,
meine Herrn Professoren! Wenn die
Nachbarn aus eben so gerechtem Patrioti=
smus, wie der ihrige, auf allen Seiten
zugreifen, was sagen Sie dazu, ich fürch=
te, Sie sind sodann Illuminaten. —
Aber welche Grundsätze sind die, die dem
Bedürfnis dienen müssen, und sich nach
solchem richten? Erwählen Sie lieber
gleich anfänglich solche, die keine Ausnah=
me leiden. Solche Grundsätze nutzen ge=
gen Schwache, und schaden gegen Stär=
kere.

4) Kosmopolitismus. Diesen lehren
die Illuminaten? und sind Landesverrä=
ther? und mischen sich in Angelegenhei=
ten besonderer Lande? entweder ist das
Eine, oder das Andere nicht wahr; oder
die Illuminaten, oder aber die Professoren
verstehen nicht, was Kosmopolitismus seye.
Daß die drei Professoren bei dem Wort
Kosmopolitismus entweder gar nichts, oder
etwas falsches und widriges denken, be=

weist ihre Note auf der 12. Seite ihrer nöthigen Beylage. Sie sagen dort: "Zu so etwas gehören große weitläuf= "tige Verbindungen in allen vier Welt= "theilen. — Wir glauben auch nicht, "daß mit Türken, Tartarn, Kalmü= "ken, Chinesern, Abyssiniern, Hotten= "totten, Otahyten ꝛc. etwas so leicht "zu machen wäre, ohngeachtet sie sehr "große Stücke von dem ganzen All der "zum Kosmopolitismus gehörigen Ge= "genstände ausmachen." Welcher Miß= verstand! welch erbärmliches Raisonne= ment! und so reden und schreiben ein wirklicher Hofkammerrath und drei Pro= fessoren der Marianischen Akademie? Ich bedaure die Jugend, die von solchen Leh= rern Unterricht erhält. Ist es wohl der Mühe werth den Ungrund eines offenba= ren Mißverstandes zu zeigen? doch hören Sie, was ein Kosmopolit ist, und wie er in der Welt wirkt.

Ein Kosmopolit kennt die Verschie= denheit und Unterordnung der Zwecke.

und handelt nach dem höchsten und allgemeinsten. Er erlaubt sich daher nichts zu Beförderung eines engeren Zwecks, was diesem allgemeinen höhern hinderlich wäre. Er bezeichnet daher allen seinen Neigungen die gehörige Gränzen, über welche hinaus das Unrecht beginnt. Er liebt sich, er liebt seine Familie, sein Vaterland; er liebt aber keines auf Kosten des menschlichen Geschlechts: er wird um eine solche engere Neigung zu befriedigen, niemalen Maasregeln ergreifen, die, wenn sie seinem engern Zwecke auch noch so zuträglich wären, den Vorschritt der Menschen zur Kultur hindern, Ursachen zu neuen Trennungen werden, das gemeinschaftliche Band und Verkehr unter Menschen zerstören, Treue und Glauben verhindern, die Quellen des Mißtrauens vermehren, Arglist und Verstellung, Ungerechtigkeit und Gewaltthätigkeit unter Menschen befördern: er weis, daß ganze Nationen einer noch weit größern und höhern Gesellschaft untergeordnet sind: daß sie sich gegen solche verhalten, wie eine einzelne Familie zu ihrem Staat: daher auch den nämlichen Gesetzen und denselbigen Verbindlichkeiten unterworfen sind, um den höhern Zweck zu befördern: er weis, daß dieser höhere Zweck Wohl und Vervollkommnung des ganzen Geschlechts seye, mit welchem allein das wahre Wohl aller Theile verbunden ist: er weis es auch, daß die Aufnahme einer einzelnen Nation ein zu diesem höhern Zweck führendes wesentliches Mittel seye: aber immer sieht er es nur als Mittel an, und ist daher auch im Stande, die Gränzen und Begriffe von Recht und Unrecht am genauesten zu bestimmen.

Der Kosmopolit liebt, wie man lieben muß, und er hasset, wie man hassen soll. Er allein ist der beste Freund von sich selbst, der beste Vater seines Hauses, und der treueste Bürger seines Staates. Kosmopolitismus ist der Vaterlandesliebe so wenig entgegen, als die Liebe zu sich, zu seiner Familie, der Liebe des Vaterlandes entgegen sind.

Er allein macht sie zu dem, was sie seyn soll, zur Liebe zu dieser engern Verbindung, weil diese Liebe Mittel zu einem höhern Zweck ist, und dieser Liebe der ganzen Natur.

Dieser Kosmopolitismus soll eine Thorheit, ein Verbrechen seyn? es soll eine Thorheit seyn, die niedrige Zwecke den höhern unterzuordnen? sich zu Erreichung seines engern Zweckes nicht alle Ungerechtigkeiten zu erlauben? Menschen, die nicht mit uns auf einem Boden gebohren sind, darum nicht minder zu schätzen und zu lieben? keinem aus diesem Grunde die allgemeinen Rechte der Menschheit zu versagen? wenn Kosmopolitismus ein Verbrechen ist, was soll ich sodann von der christlichen Religion, von dieser weltbürgerlichen Religion denken, die allgemeine Menschenliebe so sehr befiehlt, und alle Menschen als Kinder eines gemeinschaftlichen Vaters, als Brüder betrachtet? die so oft und so ausdrücklich die Einschränkung der engern Neigungen befiehlt? was von dem philosophischen Kaiser M. Aurel, der ausdrücklich sagte: man muß sich — seinem Vater, seinen Vater dem Vaterlande, und sein Vaterland dem Menschengeschlecht aufopfern. — Ich kann mich nicht enthalten, zu Bestärkung meines Vortrags eine Stelle aus einem unserer ersten Bücher, aus den Garvischen Anmerkungen über das zweyte Buch von den Pflichten anzuführen. Dort heist es:

„Die Liebe gegen einzelne Klassen,
„gegen besondere Gattungen von Men-
„schen führt um desto mehr Unlauteres,
„Partheiisches, Bösartiges mit sich, je
„eingeschränkter diese Klassen sind. Da-
„her ist der Partheigeist, ob er gleich
„zuweilen Gutes stiftet, die Liebe zu
„seinen Zunftgenossen, die Vorliebe für
„die Verwandschaft, mit dem Patrio-
„tismus nicht zu vergleichen. Eben
„deßwegen ist aber auch der Patriotis-
„mus eine weniger reine Quelle der Tu-

„genden, als die allgemeine Menschen=
„liebe. Keine höhere Gesinnung also,
„kein untadelhafteres Prinzipium aller
„Handlungen kann es geben, als die
„Liebe der ganzen Natur. In dieser
„ist Zufriedenheit mit allen Schicksalen,
„Gelassenheit im Leiden, Standhaftig=
„keit in Arbeiten, Einwilligung in alles,
„was die Nothwendigkeit der Natur und
„das Verhältniß unserer Umstände von
„uns fodert, mit eingeschlossen."

Und im dritten Buche dieser Anmer=
kungen lese ich folgendes hieher gehöriges:

„Es ist nichtig, daß alles, was
„den Eigennuz, das Interesse des Men=
„schen ausdehnt, diesen eben dadurch un=
„schuldiger macht, jenen der Tugend
„näher bringt. Der Vater, welcher
„für seine Familie sorgt, ist besser, oder
„hat Anlaß besser zu werden, als der
„einzelne Mensch, der blos seinem Ver=
„gnügen nachgeht. Je größer die Gesell=
„schaft ist, für deren ausschliessendes

„Beste jemand besorgt ist, desto mehr
„werden die Maasregeln, die er dazu
„nimmt, veredelt. — Ein Staat ist
„schon ein so grosses Ganze, daß es der
„Verstand nur weniger Menschen über=
„schauen, nur das Herz weniger mit
„Liebe umspannen kann. Also auch schon
„der Patriotismus ist etwas seltenes. Er
„erfordert eine gewisse Höhe, von welcher
„man einen so weiten Umfang von Men=
„schen und Gegenständen übersehen könne;
„er fodert vom Menschen eine Vergessen=
„heit seiner selbst, die nicht möglich ist,
„wenn er nicht diejenige Art von Kraft
„bei sich fühlt, wodurch man wegen des
„eigenen Schicksals unbesorgt gemacht
„wird. Aber über denselben hinauszuge=
„hen, sich eine noch allgemeinere und
„größere Gemeinheit die, welche unter
„allen Europäern, oder unter allen Men=
„schen ist, deutlich genug zu denken, um
„für das Interesse derselben erwärmt zu
„werden, seine Begierde bis auf das
„Wohl des ganzen menschlichen Geschlechts
„auszudehnen, und dieß mit Beharrlich=

„keit, daß daraus eine Richtung der Thä„
„tigkeit werde, diß ist nur auserlese„
„nen großen Männern möglich. Die„
„jenigen nun, welche bei ihrem Staate
„mit ihren Gedanken stehen bleiben, in
„der Erhaltung oder Wohl desselben
„den letzten höchsten Zweck aller ihrer
„Handlungen, das einzige Löbliche und
„Pflichtmäßige sehen: die müssen noth„
„wendig alle Mittel dazu für gleich
„gut, alle Maasregeln für gerecht, und
„sobald Kollisionen vorkommen, die
„Unterdrückung und Beeinträchtigung
„anderer Staaten für erlaubt halten:
„denn ihre Republik ist für sie die
„Welt."

Nach diesen Grundsätzen zu urtheilen, haben die Herren Professoren sich
sehr wenig, und dem Orden der Illuminaten sehr viele Ehre erwiesen, indem sie
ihn des Kosmopolitismus beschuldigt.

5) Gründliche Ueberzeugung, daß
es nicht möglich seye, daß eine, und
zwar

zwar was immer für eine geheime Gesellschaft in einem und zwar was immer für einem Staate gut seyn könne. Diese Herren haben also von diesem Satz eine gründliche Ueberzeugung, und wollen doch gleich bei ihihrem Austritt, selbst eine solche Gesellschaft errichten? waren selbst eine geraume Zeit Mitglieder der Illuminaten? und gar keine geheime Gesellschaft, in gar keinem Staate sollte gut seyn, oder Gutes wirken können? Von den meisten, und meistentheils, will ich es noch gelten lassen; aber von allen, in gar keinem Staate? diese so uneingeschränkte Behauptung ist wider alle Geschichte und Erfahrung. Die aufgeklärteste und älteste Völker der alten Welt die Indier, Chaldäer, Egyptier, Samothrazier, Griechen ꝛc. verdanken den Misterien ihre Aufklärung. Die größten Weisen des Alterthums ließen sich einweihen. Isokrates, Cicero, Apuleius, Seneka, Plutarch, und beinahe alle ältere Schriftsteller schreiben mit der größten Verehrung davon. Sind wir denn wirklich in unsern Kenntnissen schon so weit vorgerückt, in unsern Bedürfnissen so einfach, und auf den Grad verfeinert, daß uns diese, den Alten so heilige, ehrwürdige Anstalten überflüßig, oder wol gar schädlich sind? dauern nicht vielmehr die nämliche Ursachen, das nämliche Bedürfnis noch beständig fort? woher denn sonst dieser heut zu Tag so sehr herrschende, allgemein sich äußernde Trieb der Menschen nach geheimen Verbindungen? es muß doch wirklich eine erweckende, veranlassende Ursache dazu vorhanden seyn? die Menschen müssen einsehen, daß ihnen noch manches mangelt, das durch alle bisherige Anstalten nicht kann erreicht werden. Sind wir wirklich denn so sehr in einer dereinst wieder einbrechenden Nacht der Barbarey, vor den Zeiten der Finsterniß gesichert, daß es überflüßige Vorsicht wäre, auf ein sicheres Behältniß zu denken, um darinn weise Grundsätze für ein empfänglicheres Menschenalter zu bewahren? Wären denn nicht vordem noch allezeit die höchste Zeiten der Aufklärung die Vorboten des nahen Verfalls? trat nicht tändelnder Witz, übertriebener Geschmack, und die abergläubischte, schwärmerischte Denkungsart an die Stelle der

Vernunft? und ist dieses nicht schon wirklich unser Fall? wo ist nun der vormalige Glanz von Egypten, Asien und Griechenland? Wer hätte zu den Zeiten Augustus geglaubt, daß die Barbarey des 5ten, 6ten und der folgenden Jahrhunderte ganz Europa wie eine Fluth überschwemmen sollte? Freilich sind wir vor den Einwanderungen der Hunnen, Gothen, Longobarden und anderer barbarischen Völker so ziemlich gesichert: aber die Mittel in Barbarei zu verfallen, sind so verschieden, daß wir manche davon gar noch nicht kennen. Wer kan sich verbürgen, daß nicht dereinst gewisse geheime Verbindungen, die darinn vorgetragene Lehren, und herrschende Grundsätze, das Vehikulum sind, wodurch neue Hunnen, Longobarden und Gothen herkommen, und die Aufklärung aus Europa verdrängt wird? wer den Geist dieser Gesellschaften näher kennt, dem wird meine Vermuthung minder gewagt scheinen. Wenn denn Leute von dieser Gedenkungsart den Thron umringen, sich der Schulen bemächtigen, wenn die Politik der Völker und Höfe Verbreitung des Aberglaubens und der Dummheit zu ihrer Stütze wieder nöthig haben wird, wie sie es vor dem gehabt, dann ist es um die wenige Bekenner der Wahrheit geschehen: dann werden Bayerische Auftritte aller Orten erfolgen.

Aber lassen wir das gut seyn? lassen Sie uns näher untersuchen, ob es denn so wahr seye, daß gar keine Regierung, von gar keiner geheimen Verbindung auch Vortheil ziehe?

Ich bin in diesem Stücke so wenig der Meinung dieser Herren, daß ich vielmehr jeder guten klugen Regierung rathen wollte, sie in ihr Interesse zu ziehen; der Vortheil würde überwiegend seyn. Ich kenne kein besseres Mittel, die individuelle Gedenkungsart, Karakter, Talente, Fähigkeit der Menschen auf das genaueste zu erforschen, Erfahrung, Welt- und Menschenkenntniß zu sammlen, sich in Führung der Menschen, fern von aller Gewaltthätigkeit, zu üben, gesunde Grundsätze zu verbreiten, das Uebel bei der Wurzel anzugreifen, seinen Gegnern im Verborgenen entgegen zu arbeiten, gute Plane und Anstalten zu verewigen, und der Hinfälligkeit des menschlichen Alters, und den daherrührenden armseligen Folgen zu steuern, die öffentlichen Aemter mit den fähigsten, uneigennützigsten und edelsten Menschen zu besetzen, Reiz für Tugend und Sittlichkeit zu erwecken, auf das Innere der Menschen zu wirken, und die Verbindlichkeit zu natürlichen sowol, als bürgerlichen Pflichten zu verstärken. Wehe der Regierung, die diese großen Vortheile muthwillig hinwegwirft! Es soll also keinen Nutzen für den Staat haben, wenn die fähigste Köpfe ihre beste Kenntnisse hier hinterlegen, und sie als eine Belohnung nur solchen Menschen mittheilen, die in der höhern Sittlichkeit größere Fortschritte gemacht? daß Gelehrsamkeit zur Quelle der Tugend wird? daß der Hang des Menschen zum Verborgenen und Geheimnisvollen auf eine für die Moralität so vortheilhafte Art benutzt wird? daß durch sie Toleranz und menschenfreundliche Gesinnungen befördert werden? daß sie ein Mittel sind, Menschen von verschiedenen Nationen, Religionen und Ständen einander näher zu bringen, sie unter dem gemeinschaftlichen, so großen und hohen Namen eines Menschen zu vereinigen, die Aufnahme bei fremden Völkern, und die dadurch zu erhaltende Kenntnisse zu erleichtern und zu vervielfältigen? Es soll von keinem Nuzen seyn, daß man hier an Erforschung der Wahrheit ungehindert arbeitet, und bei den Menschen für manche Gattung der Wissenschaften ein Interesse erweckt wird, woran es außer dem mangelt? daß so vereinte Kräfte den Freund und unerschrocknen, aber dabei klugen Verfechter der Wahrheit gegen die sonst so gewöhnliche Mishandlungen besser und nachdrücklicher versichern? daß sodann eben dadurch mehr Kraft, Muth, Entschlossenheit, und edle Karaktere zum Vorschein kommen, und in eben dem Maaße Heuchelei, Schmeichelei, Niederträchtigkeit seltner und überflüssiger werden? daß eben dadurch der Anhang, die Macht, und der Einfluß boshafter Menschen täglich vermindert werde? — Aber ich begreife es auch, daß eine solche Gesellschaft, die mit so hohen Absichten umgeht, so heilig, so ehrwürdig sie auch an sich ist, am meisten müsse verläumdet werden, die häufigsten Gegner finden müsse; daß sie also könne verfolgt werden, ohne Atheismuß zu lehren, ohne das Vaterland zu verrathen, ohne Menschen zu vergiften ꝛc. daß sie bloß um ihrer Redlichkeit und um ihrer großen Absichten willen müsse verfolgt werden. Wer sind aber sodann die Verfolger? der verdorbene Theil des Landes, die, so den Staat zu ihrem Privatvortheil mißbrauchen, denen an Dummheit und Unsittlichkeit zu viel gelegen ist, als daß sie gleichgültig dabei seyn könnten; die schon seit Jahrhunderten zum Schaden der bürgerlichen Gesellschaften, was diese zum Nutzen, gebrauchen wollten. Diese sind es, die sodann sich hinter die Maske der Religion stecken, und Hochverrath schreien, den Pöbel gegen seine Wohlthäter empören, um eine so lang usurpirte Gewalt noch ferner zu behaupten. Ich will hier nicht behaupten, daß die Illuminaten eine solche Gesellschaft sind, denn bishero reichen die Data nicht zu, es mit Gewißheit zu versichern, ich wollte nur darthun, daß es eine geheime Gesellschaft geben könne, die einem Staate die größte Vortheile verschaft, daß diese eben darum verfolgt werden könne: daß es also falsch seye, daß gar keine geheime Gesellschaft in gar keinem Staate gut seyn könne, und daß daher diese Behauptung ihre billige Einschränkung finde. Freilich kann dieß nur Vorwand seyn: freilich ist es möglich, daß auch die beste geheime Gesellschaft mißbraucht werde. Aber wer wird so thöricht seyn, um des leicht zu verhindernden Mißbrauchs willen, den Gebrauch selbst zu verbiethen? was müßte sodann nicht verboten werden? Das heiligste, göttlichste Institut, die christliche Religion selbst müßte am ersten von der Erde vertilgt werden, denn was ist schändlicher und häufiger mißbraucht worden.

Aber warum sodann dieß alles ingeheim? warum geheime Gesellschaften? Die Antwort ist leicht: weil es Thorheit wäre, mit offenen Karten zu spielen, wo der Gegner sein Spiel deckt: weil eben das Gute, und nichts so sehr, als das Gute, so häufige Widersacher hat: weil die Verborgenheit, nach aller Erfahrung, der Sache einen größern Reiz giebt: weil gewisse Dinge nicht für alle Menschen sind, und folglich durch ihre Kundmachung mehr schaden, als nutzen würden; weil gewisse Sachen erst durch gehörige und langwierige Vorbereitung so können verstanden werden, wie man sie verstehen soll: weil sonst diese Dinge aufhören neu zu seyn, und dadurch einen Reiz weniger erhalten: weil die christliche Religion selbst in ihrem ersten Entstehen eine geheime Gesellschaft war, die einen großen Theil ihrer Lehren und Gebräuche verborgen. —

Sollte denn nicht wenigstens der Landesherr von dem Geheimniß unterrichtet seyn? — dieß sollte und dörfte und könnte er freilich allezeit seyn. Aber leider ist auch unter Landesherren eben so gut ein Unterschied, als unter den übrigen Menschen. Und im Fall der Landesherr wirklich in der Verbindung wäre, so sollte dieses billig das erste Geheimniß seyn, sonst artet die Verbindung in eine Hofschule aus: Menschen zeigen sich nicht mehr in ihrer natürlichen ungeheuchelten Gestalt: sie bemühen sich zu scheinen, die Offenheit geht verlohren, und

Zwang und Heuchelei treten an ihre Stelle: geheime Gesellschaften hören auf ein Zufluchtsort, eine Heimath der Freiheit zu seyn.

Dieß waren nun alle Beschuldigungen, welche ausgetretene, mißvergnügte, und, wie sie selbst sagen, mißhandelte Mitglieder dem Orden der Illuminaten entgegen setzen. Wenn ich nun bedenke, daß diese Beschuldigungen noch das Zuverläßigste sind, so weiß ich nicht, wie es möglich war, diese Leute zu verdammen, ihnen ihre bürgerliche Ehre zu rauben, sie ihrer Aemter zu entsetzen, und ihres Vaterlandes zu verweisen? Uebereilung und Leidenschaft allein konnten einen solchen Schritt veranlassen.

Ich will aber noch weiter gehen: aus den Nachrichten und Erfahrungen, die ich mir im Betreff dieser Gesellschaft gesammlet, will ich mir selbst einige Einwürfe machen. Diese sind folgende:

1) Die Illuminaten sind keine Freimaurer, sie sind ein eigener Orden. Aber

was thut das zur Sache, wenn ihr Institut nur im übrigen gut ist? Zur Ehre der Freimaurerei ist es schon längst bekannt, und durch öffentliche, dem Staate nützliche Institute erprobt worden, daß Streben nach Tugend, Besserung des Menschen, wohlthätige Unterstützung des Nothleidenden, und thätige Vereinigung mehrerer Kräfte zu einem gemeinsamen rühmlichen Endzweck Hauptpflichten derselben sind. Dieß ist vom Fürsten bis zu den aufgeklärten Privatmann so allgemein anerkannt, daß nicht nur eine große Anzal Menschen aus allen Ständen Mitglieder dieses Ordens geworden sind, und noch täglich werden, sondern daß man auch die ehemals gegen denselben ausgestreute Beschuldigungen und gegen ihn verhängte Verfolgungen aus eben dem Gesichtspunkt betrachtet, wie ein Auto da Feé oder die ehemals so häufige Hexenprozesse, das heißt, als einen traurigen Beweis, wie weit ein verfinsterter Verstand sich verirren kann.

Eben dieses Beispiel aber hätte die Verfolger der Illuminaten überzeugen können und sollen, daß der Gerechtigkeit liebende erst prüft, erst nach Ueberzeugung strebt, ehe er verfolgt.

Oder soll der Vorwurf, die Illuminaten sind keine Freimaurer, das anzeigen, daß außer diesem Orden kein anderer existiren könne, der einen guten Endzweck habe? Welcher Vernüftige wird diesem Gedanken beipflichten? Ist es denn unmöglich, daß die Illuminaten eben so edle, eben so erhabene Absichten haben können, als die Freimaurer haben sollen? Sind wir dann würklich der Vollkommenheit schon so nahe, daß für das Wohl der Menschen nichts mehr gethan werden kann?

Als die Freimaurerei zum erstenmal bekannt wurde, mußte sie nicht ähnliches Schicksal, ganz ähnliche Verfolgungen, aus denselbigen Gründen erfahren? Die Freimaurerei hat nunmehro ihre bürgerliche Toleranz so ziemlich erfochten. Wie es andern gelingen wird, muß die Zukunft entwickeln.

2) **Der Name selbst.** Ich gestehe es, dieser Name klingt stolz; sie sollten sich der Erleuchtung nicht rühmen, wenn sie solche auch wirklich besitzen. Im Grund thut zwar der Name nichts zur Sache, aber man sollte doch so viel möglich den Anstoß vermeiden. Es verräth Stolz und zu hohes Gefühl von sich selbst. Aus dieser Ursache table ich sie, denn die Imitation und Anverwandschaft mit den spanischen Ketzern ist lächerlich und unerwiesen. Es mag aber auch dieser Name eine gute und die beste Bedeutung haben, denn ich finde beim Justinus in seiner ersten Apologie, so wie auch bei andern, die von Bingham in seinen *Originibus Ecclesiasticis* angeführt werden, daß auch die ersten Christen mit diesem Namen benannt wurden, und dann hätte dieser Name sowol seine gute als böse Bedeutung. Warum aber wollen wir die schlimmere vorziehen, so lang das Uebel der Sache noch nicht erwiesen ist?

3) **Der Eid.** Dieser Vorwurf trift, so viel ich weis, alle geheime Gesellschaften. Ein jeder Privatmann kann sich das ihm

gemachte Versprechen durch einen Eid erhärten lassen, warum soll eine geheime Gesellschaft, wo der Fall dringender seyn kann, sich nicht ein gleiches Recht erlauben? Daß die bürgerliche Obrigkeit ganz allein befugt seye, Eide abzunehmen und zu fordern, ist offenbare Petitio Principii. Ob es gleich sonst gut, und sehr gut ist, daß mit Eidschwüren nicht gespielt, und solche nicht ohne Noth vervielfältigt werden.

4) **Unwürdige, unmoralische Mitglieder.** Die Gesellschaft soll erst noch entstehen, und die hebe sodann den Stein gegen die Illuminaten auf, die davon gänzlich befreit ist. Wer wird so kühn seyn, die christliche Religion zu verwerfen, weil ein Pater Frank ein Christ, und sogar Prediger ihrer Lehre ist? Alle Illuminaten waren schon vorher Christen und Bürger eines Staates; von diesen beiden hat der Orden seine übernommen. Auf wen fällt nun der Tadel? wer will das einer geheimen Gesellschaft verargen, was Kirche und Staat mit allen Anstalten und Hülfsmitteln, und mit allen äuserlichen Zwang nie zu leisten im

Stande waren? Vielleicht suchen manche davon noch einen Unterricht: manche können nicht entfernt werden: manche wären auſer dem noch ärger: manche haben ſich vielleicht der Geſellſchaft aufgedrungen. Auch iſt die Bekehrung kein Werk eines Tages. Eine einzige Gelegenheit, deren es doch ſo viele giebt, kann ein Jahre langes Werk wieder gänzlich zernichten.

Exeat aula,
Qui vult eſſe pius.

5) Ihre ſtrenge Subordination. Dieſe kann in keiner geheimen Geſellſchaft zu ſtreng werden. Es ſind der Wege und Mittel zu viel, um ſolcher zu entgehen. Liebe zum Zweck iſt das einzige, was hier lindern kann, und der Zwang, der daraus entſteht, iſt der edelſte, der ſich denken läßt. — Wo eine Geſellſchaft iſt, muß Ordnung ſeyn, und wenn ſie für die Vergehen und die Konduite ihrer Mitglieder haften ſoll, ſo kann bei ihr keine ungebundene Freiheit ſeyn. Sie muß das Recht haben, Fehler zu ahnden, und Irrende zurück zu führen. Die einzelne Kräfte müſſen eine Richtung erhalten,

oder Verwirrung und Widerspruch herrschen auf allen Seiten, und das Band der Vereinigung wird getrennt. Wenn die Subordination zu lästig wäre, und in Despotismus ausarten würde, so ist das Mittel in Bereitschaft, die Thore stehen offen. Wer sodann doch bleibt, lebt in freigewählter Unterwürfigkeit. Die Gesellschaft selbst wird in dem Maase gut seyn, wird große Wirkungen hervorbringen, als sie streng auf Ordnung, und noch strenger auf Befolgung ihrer Gesetze hält.

6) **Die Verborgenheit der Obern.** Dieser Tadel trift abermals auch andere aufer den Illuminaten: bei den Rosenkreuzern ist die nämliche Einrichtung. Auch im Tempelherrnsystem sprach man von unbekannten Obern. Die Illuminaten scheinen seit einiger Zeit von diesem System ziemlich abgewichen zu seyn, und vielleicht nicht zu ihrem Vortheil. Man kennt ihre Obere in Deutschland beinah alle, und sehr zuverlässig. Darunter sind vortreffliche Menschen, Menschen von der ersten Klasse; in jeder Bedeutung des Worts. Diese Einrichtung hat den ersten

sten Anschein wider sich, denn es scheint Thorheit und Unklugheit zu seyn, sich blindlings unbekannten Menschen anzuvertrauen. Der Mißbrauch und Despotismus dieser Obern scheint unvermeidlich. Aber auf der andern Seite scheint auch keine Einrichtung zweckmäsiger, um Untergebene genau zu beobachten, gegen die Gesellschaft folgsamer zu machen, und die Mängel der Personen von dem Amt selbst auf eine glückliche Weise vor den Augen der Untergeordneten zu trennen und zu verbergen: dabei dem Ausbruche des Ehrgeizes und der Herrschbegierde vorzubeugen: Komplotte, und sogar den Despotismus der Obern zu verhindern. Oder was will ein Oberer thun, der sich den Untergebenen der untern Klassen nicht offenbaren darf, und nur durch seine ihm Untergeordnete in die untere Gegenden würken kann, wenn diese seinen Auftrag nicht dahin gelangen lassen? sich der Führung widersetzen, weil sie die Verfügung zu willkührlich befinden? Die Billig= und Gerechtigkeit der Sache, und ein liebe=

volles Begegnen allein sind vermögend einem Gesetze eine gütige Aufnahme zu verschaffen, um endlich in dem grossen Körper an die Peripherie des Ordens zu gelangen. Ich kenne keine grössere Einschränkung der obersten Gewalt. Und am Ende was wagt denn auch ein Untergebener gegen unbekannte Obern? mißbraucht zu werden? den will ich sehen, der mich mißbraucht? Die Obern müssen doch Forderungen, Aufträge an mich gelangen lassen, ehe sie mich mißbrauchen. Diese vergleiche ich sodann mit dem vorgegebenen Zweck, mit meinen übrigen höhern Pflichten: finde ich diese mit solchen übereinstimmend, dann schliesse ich auf die Weisheit der Obern, und folge ihnen willig: nicht der Person, sondern der Heiligkeit und Zweckmäßigkeit ihrer Aufträge. — Aber wie gesagt, bey den Illuminaten ist dieses nicht mehr der Fall.

Doch dies wäre ja ein förmlicher *Status in Statu?* Dies mag bei Jesuiten, denen mit ihnen verbundenen und einigen andern, auch öffentlichen Gesellschaften gar wohl der Fall seyn. Denn wissen Sie, ein Status in Statu entsteht, wenn eine Gesellschaft entweder denselbigen, oder gar einen engern, oder wol gar gegentheiligen Zweck, auf Unkosten und zum Nachtheil der bürgerlichen Gesellschaft von ihr unabhängig durchsetzen, wenn sie die politische Macht auflösen, trennen, schwächen, an sich reissen will. Wenn aber eine Gesellschaft einen eben so wichtigen, oder noch höhern Zweck zum Gegenstand hat: wenn ihr Zweck ist, den innern Menschen zu bessern, für welchen keine Regierung sorgt, wenn dadurch dieser Mensch gegen die Gesetze des Staats folgsamer wird, nicht aus Furcht, sondern weil er sie liebt, ihre Nothwendigkeit und Beziehung auf seine Glückseligkeit deutlicher einsieht: wenn dadurch der politischen Regierung unter die Arme gegriffen, und viele ihrer, von ihr nicht zu füllende Lücken ergänzt werden: wenn dabei die Gesellschaft bereit ist, ihre menschenfreundliche Absichten und Plane jeder Regierung, der es um das sittliche Wohl ihrer Unterthanen wahrhaft zu thun ist, ohne Anstand vorzulegen: so werden durch sie die Bande der bürgerlichen Gesellschaft nicht getrennt oder zerrissen, sie werden viel mehr bestätigt und bestärkt. Eine solche Gesellschaft ist möglich, und kein Status in Statu.

7) Zu genaue Beobachtung und Schilderung ihrer Mitglieder. Ohne solche ist keine Leitung und Bildung der Menschen möglich oder zu denken, der Zweck mag seyn, welcher er will. Das Schicksal der Illuminaten selbst beweist, daß man diese so nöthige Vorsorge nicht zu weit treiben könne. Welche Schule, sich in Menschenkenntniß zu üben? wer kann diese entbehren? welcher Lehrer, welcher Vater, welcher Staatsmann, welcher Diener der Kirche? Ich will den Fall setzen, ein Orden soll die Einrichtung getroffen haben, unschuldig Leidende gegen Unglück zu sichern: kann ihm sodann die genaue Kenntniß seiner Mitglieder überflüssig seyn, um nicht seine Wohlthaten an Muthwillige zu verschenken, an unkluge, hitzige Köpfe zu verschwenden, um der Verschwen=

dung und Uebermuth den Eingang zu versagen? Kenntniß der Menschen ist die erste aller Kenntnisse; und wer kann es darinn zu einer Fertigkeit bringen, ohne andere zu beobachten? Ich schenke den Illuminaten alle Mysterien und Geheimnisse, wenn sie die Kunst verstehen, mich zum scharfen Menschenkenner zu bilden.

Ich habe mir bisher alle mögliche Mühe gegeben, alle Data zu sammlen, die dem Institut der Illuminaten nachtheilig seyn, und eine widrige Auslegung leiden könnten, und Sie sehen selbst, mein Freund, wie wenig diese Leute gegen sich haben. So weit Menschen nach der bisherigen Lage der Sachen urtheilen können, so lange nicht neuere zuverläßigere Entdeckungen von ihnen gemacht werden, finde ich sie unschuldig. Ich kann auch nicht vermuthen, daß der Münchner Hof in seinen tumultuarischen Verhandlungen etwas näheres entdeckt habe, er würde sonst nicht sich solcher elenden und seichten Gründen in seinen Verdammungsurtheilen bedienen: er würde sich nicht muthwillig lächerlich

lächerlich machen, wenn er sich des öffentlichen Beifalls durch die Angabe ernsthafterer Gründe versichern könnte: er würde nicht noch immer Hausvisitationen, Versiegelung, Untersuchung und Hinwegnahme der Privatschriften verordnen, um doch wenigstens in der Zukunft noch etwas zu finden, das seine so harte, so übereilte, leidenschaftliche und gesetzwidrige Verfügungen, in den Augen des Publikums rechtfertigen könnte.

Aber nun auch zum zweiten:

Was haben die Illuminaten für sich?

Sie haben

1) für sich, die allgemeine rechtliche Vermuthung, daß sie gute Menschen sind, bis das Gegentheil hinlänglich erwiesen wird.

2) Daß die Klagen gegen sie beinahe dieselbigen sind, die schon ehemals gegen die Freimaurerei geführt worden.

3) Daß unter ihnen Männer von hoher Geburt, von dem untadelhaftesten Karakter, von entschiedener Rechtschaffenheit

und allgemein anerkannten Einsichten gefunden werden, von denen es gänzlich unglaubbar ist, daß sie an so schändlichen verkehrten Absichten Theil nehmen würden.

4) Sie haben für sich, daß sie in einem Lande verfolgt werden, wo diese Auftritte nicht neu sind.

5) Daß in eben diesem Lande, in allen Untersuchungen nichts gegen sie gefunden worden, das die Ahndung der Obrigkeit auf eine solche Art verdient hätte.

6) Daß in ihren Urtheilen, gegen ihre einzelne Mitglieder, die lächerlichste Ursachen als Verbrechen angegeben werden.

7) Daß ihnen alle Wege zu ihrer Vertheidigung, zum Thron ihres Fürsten abgeschnitten und versagt worden.

8) Daß dieser sogar, die ihm von ihnen angetragene Vorlegung und eigene Einsicht ihrer Grade und Einrichtung, durchaus abgeschlagen.

9) Daß ihre Verfolger Mönche, und besonders Jesuiten, nebst ihrem verbrüderten Anhang sind.

10) Daß diese Jesuiten schon vor und

während der Verfolgung allzeit einige Wochen zum voraus, unter ihren Anhängern alle Auftritte in dem Maaße und der Ordnung vorher verkündigt, wie sie erfolgt sind.

11) Daß die von dem landschaftlichen Vicekanzler Baron von Kern zu seiner Legitimation, wegen vorgeblicher Veruntreuung der Akten, selbst verlangte, genaue Untersuchung zu seinem höchsten Vortheil ausgefallen ist.

12) Daß die schon zum zweitenmal zur Untersuchung verordnete Commissarii sich die Inquisition fernerhin verbethen.

13) Daß der geistliche Rath und das Consistorium zu Freysingen, die zur Untersuchung dahin berufene geistliche Mitglieder auf die edelste Art behandelt, und ohne alle Strafe oder Ahndung entlassen.

14) Daß man alle seit kurzer Zeit herausgekommene, Religion, Staat und Sitten beleidigende Bücher auf ihre Rechnung geschrieben, sich aber in der Untersuchung selbst, nicht das geringste davon bestätigt habe.

15) Daß man in Bayern nicht nur Illuminaten, sondern unter diesem Namen und Vorwand, der gesunden Vernunft, und allen Männern von Einsicht, die den Verfolgern nicht huldigen, oder sich mit ihnen verbinden, den offenbaren Krieg ankündige. Denn Reiner, Millbiller, Schmid, Braun, Schubbauer, Cräz und Wolf und andere mehr mußten gleiches Schicksal erfahren, ohne Illuminaten zu seyn oder zu heisen.

16) Daß die Art sie zu verschreien, und den Hof gegen sie zu erbittern, äuserst niederträchtig und intrikant gewesen.

17) Daß der Prozeß tumultuarisch und äuserst partheiisch, ganz nach dem Anschlag und Plan der Warner geführt worden.

18) Daß man sich alles gegen sie erlaubt, was Recht und Unschuld auf das empfindlichste kränken kann.

19) Daß mit dem allem die meisten von ihnen ihr Vaterland, ihre Freunde verlassen, ihr Unglück und Schicksal mit

einem Muth, Gelassenheit und Standhaftigkeit ertragen, die nur Folgen der edelsten und höchsten Grundsätze seyn können.

Dafür, edle Kämpfer für Wahrheit und Tugend! wenn euch dieses Linderung in eurer Quaal ist? nehmet den Dank und die eifrigste Wünsche für euer Wohlergehen mit euch fort! Ertragt euer Schicksal, so wie bisher, mit Anstand und Würde! Euer Andenken wird gesegnet und unvergeßlich, so wie die Schande eures Vaterlandes ewig und unvergeßlich seyn.